# Curso para padres de familia

Cómo amar y guiar a nuestros hijos

**MANUAL DE INFANCIA**

**(niños de 0 a 10 años de edad)**

Publicado por Alpha Américas, 2275 Half Day Road, Suite 185, Deerfield, IL 60015 (EE.UU.)



*Curso para padres de familia - Manual de infancia*



Primera impresión realizada por Alpha Américas en 2011

Traducción al español: Cristian Franco

Impreso en los Estados Unidos de América



ISBN 978-1-938328-34-3

# Contenidos

Este manual ha sido diseñado para utilizarse durante el "Curso para padres de familia", junto al paquete de DVD o las charlas en vivo. Por favor, diríjase a la página 80 para obtener más información acerca de cómo sumarse a un curso o llevar a cabo uno.

# Reconocimientos

Estamos profundamente agradecidos a las siguientes personas por su ayuda y aliento en la creación de este "Curso para padres de familia":

Rob Parsons, por su inspiración, sus historias e ilustraciones en sus libros y charlas.

Ross Campbell, por las ideas y los conceptos vertidos en sus libros, en especial acerca de cómo manejar el enojo.

Gary Chapman, por la ayuda que su concepto de los cinco lenguajes del amor ha significado para nosotros y muchos otros padres.

**Nicky y Sila Lee**

*Los autores y el editor reconocen con gratitud el permiso para reproducir en este libro materiales registrados bajo el derecho de autor. Se ha realizado todo el esfuerzo posible para rastrear y contactar a los titulares de los derechos de autor. Si hubiere alguna omisión inadvertida pedimos disculpas a los interesados, cerciorándonos de que el reconocimiento apropiado sea efectuado en todas las ediciones futuras.*

El cuadro "Horas recomendadas de sueño" (p.16) corresponde a Sue Palmer, Toxic Childhood (en español, "Infancia tóxica"), Orion Books, 2006. Reproducido con permiso del editor.

El diagrama (p.36) corresponde a Sue Palmer, Toxic Childhood (en español, "Infancia tóxica"), Orion Books, 2006. Reproducido con permiso del editor.

Las reglas SMART para tener una navegación segura en la Internet (p.64) corresponde a © Childnet International 2002-2011 y se reproducen con permiso. **childnet.com**

# Desarrollar cimientos sólidos

## Parte 1 El rol de la familia

### Introducción

- Cualquier expectativa de lograr ser padres perfectos será poco realista y no servirá de ayuda
- No existe una fórmula instantánea para educar y criar hijos
- Situaciones e hijos diferentes demandan enfoques distintos
- Algunos principios generales se aplican a todas las familias
- El valor del diálogo con otros padres
- El desafío del ritmo de vida actual
- Es vital para los padres invertir suficiente tiempo y energía en la vida familiar

Notas

**La rueda de la paternidad**

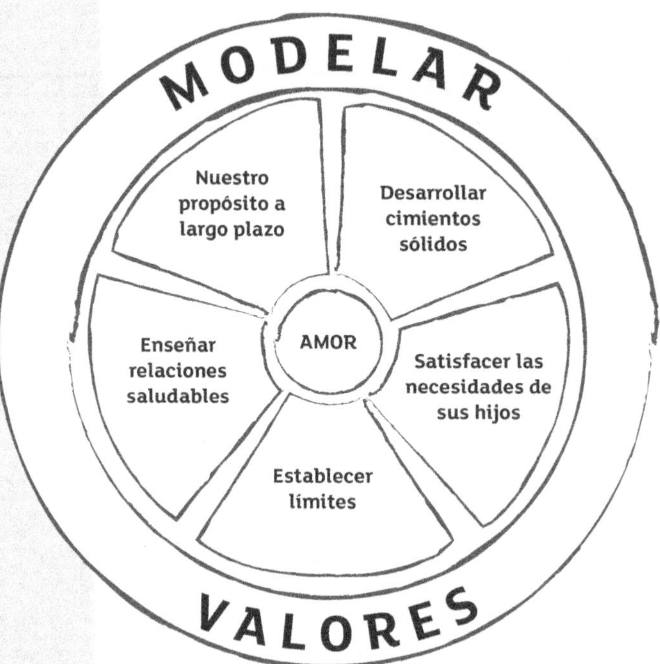


**¿Cuál es el propósito de la familia?**

1. **La familia proporciona apoyo**
    - Nuestros hijos experimentarán:
        - rechazo
        - decepción
        - fracaso
    - En su familia, deberían experimentar:
        - aceptación
        - amor
        - aliento

2. **La familia proporciona diversión**
    - El valor de la risa
    - Planificar el tiempo familiar especial
    - Asegurarse que dicho tiempo esté libre de cualquier otro compromiso para cada miembro de la familia

- Prevenir interrupciones del teléfono o de otras personas (a menos que, cuando se las invite, sepan que se trata de un "tiempo familiar")

Notas

**Rutina sugerida para el tiempo familiar**

- Intente que cada semana se lleve a cabo en el mismo horario
  - inviertan al menos una hora y media divirtiéndose
  - túrnense para escoger qué actividades realizar
  (ver "Actividades sugeridas" en el Ejercicio 1 de la "Tarea para el Hogar", páginas 19 y 20)

- Hagan que coincida con una comida
- Logren que cada miembro de la familia se turne para escoger su menú favorito. Cuando los hijos sean lo suficientemente grandes, utilizen esto como una oportunidad para enseñarles a cocinar la comida de su elección
- Asegúrense que la conversación y las actividades estén al nivel de los niños
- Si fuere en la noche durante la semana, consideren cómo llevar a cabo este tiempo sin interrumpir las tareas escolares, la práctica musical, etc. (antes o después, dependiendo de la edad de los hijos)
- Apaguen la TV o limiten a un programa o un DVD que podrían ver juntos

**3. La familia proporciona una brújula moral**

- Los niños aprenden de su propia familia acerca del comportamiento bueno y el malo
- Aprenden valores como:
  - pensar acerca de los demás
  - asumir responsabilidad
  - ayudar en la casa

**4. La familia es el ámbito donde los hijos aprenden a relacionarse**

- Los niños aprenden a relacionarse a través de la experiencia, la observación y la práctica de varias relaciones dentro de la familia:
  - padre-hijo

Notas

– madre-padre
– hermano/a-hermano/a
– abuelos-nietos
– tíos, tías, primos, etc.

Experiencia: relación padre-hijo

- Los hijos aprenden a amar al experimentar el amor incondicional de sus padres

"...no hay poder en la Tierra que pueda compararse con el amor incondicional. Y considero que si uno le ofrece esa clase de amor a los hijos, habrá logrado un 90 % de la tarea como padre. Puede que haya días cuando usted no se sienta de ese modo. No se trata de que usted tenga un amor que no sea crítico; eso es otra cosa. Pero saber que siempre puedes regresar, es muy importante en la vida. Eso lleva mucho, mucho tiempo. Y diría que cada padre que extienda ese amor incondicional a sus hijos desde una edad temprana, logrará hacer una gran diferencia para el bien del ser humano".

**Warren Buffet, *Yahoo! News* y *The Huffington Post*, 8 de julio de 2010**

- Para los hijos es importante sentirse aceptados por quienes son
- Nuestro amor y nuestra aceptación dan confianza a nuestros hijos al desarrollar en ellos:
  – seguridad (saber que son amados no por lo que hagan, sino por lo que son)
  – autoestima (saber que son valiosos; su autoestima está basada en lo que consideran que nosotros, sus padres, pensamos acerca de ellos)
  – importancia (saber que hay un propósito para su vida, y que tienen una contribución valiosa que realizar)
- La seguridad duradera, la autoestima y la importancia provienen de Dios
  – servimos como modelo de la paternidad que Dios ejerce con nosotros

"Nosotros amamos a Dios porque él nos amó primero".

**1 Juan 4.19, La Biblia**

– los padres son representantes de Él

Observación: relaciones madre-padre (y otros adultos)

- Los hijos aprenden a relacionarse mediante la observación de las relaciones entre adultos
  – de qué forma nosotros, sus padres, nos hablamos y escuchamos mutuamente
  – el afecto físico que mostramos
  – si resolvemos los conflictos y de qué modo lo hacemos
- Los hijos necesitan ver de primera mano el modelo de una relación adulta estrecha y comprometida (para más información, visitar www.alpha.org)
- Si llevan adelante la paternidad como pareja, consideren realizar el "Curso para matrimonios", a fin de invertir en su relación
- Si no llevan la paternidad juntos, traten de tener la mejor relación posible con el padre/la madre de sus hijos (resolución de conflictos, perdón, coherencia, etc.)

Práctica: relaciones hermano/a-hermano/a (y otros pares)

- Los hijos aprenden a relacionarse en la práctica con hermanos, hermanas y amigos
  – cómo jugar juntos
  – cómo compartir
  – cómo manejar discusiones
  – cómo pedir disculpas y perdonar

Notas

*Para cursos de cinco y diez semanas*

**Ejercicio**

## Haciendo un balance de su rol como padre

Si usted tiene un hijo con la edad suficiente como para que las afirmaciones que figuran aquí debajo sean pertinentes para él/ella, por favor complete la tabla en relación a su propia realidad como padre/madre. De otro modo, complétela considerando la forma en que sus padres se comportaron con usted cuando era niño/a (en vistas de que podríamos estar imitando lo que nuestros padres hicieron). ¡Sea sincero/a! Entonces, cuéntele a otra persona qué cosas le gustaría cambiar.

| | **Marque el cuadro pertinente para cada afirmación** | | | | |
|---|---|---|---|---|---|
| | **Nunca** | **Raramente** | **Ocasionalmente** | **Usualmente** | **Siempre** |
| Tenemos un tiempo especial todos juntos como familia al menos una vez a la semana | ☐ | ☐ | ☐ | ☐ | ☐ |
| Invierto algún tiempo cada semana haciendo algo divertido con mi/s hijo/s | ☐ | ☐ | ☐ | ☐ | ☐ |
| Nos sentamos alrededor de la mesa para comer juntos como familia (no frente a la TV) varias veces por semana | ☐ | ☐ | ☐ | ☐ | ☐ |
| Con frecuencia le digo a mi/s hijo/s que los amo, además de darles más elogios que críticas | ☐ | ☐ | ☐ | ☐ | ☐ |
| Controlo la cantidad de tiempo que mi/s hijo/s ven TV y juegan con la computadora/el ordenador | ☐ | ☐ | ☐ | ☐ | ☐ |
| Doy a mi/s hijo/s el tiempo y la posibilidad de hablar conmigo; escucho sus preocupaciones | ☐ | ☐ | ☐ | ☐ | ☐ |
| Sé quiénes son los amigos de mi/s hijo/s, lo que disfrutan hacer en la escuela y cuál es su comida favorita | ☐ | ☐ | ☐ | ☐ | ☐ |
| Mi/s hijo/s pueden hablar abiertamente conmigo y hacerme saber si hay cosas que les enoja acerca de mí | ☐ | ☐ | ☐ | ☐ | ☐ |
| Permanezco en control de mí mismo/a cuando disciplino a mi/s hijo/s | ☐ | ☐ | ☐ | ☐ | ☐ |
| He/hemos establecido límites para mi/s hijo/s (o nuestros hijos) y los reafirmamos de manera coherente | ☐ | ☐ | ☐ | ☐ | ☐ |
| Hablo con mi/s hijo/s acerca de mis convicciones y valores | ☐ | ☐ | ☐ | ☐ | ☐ |
| Oro en forma habitual por nuestro/s hijo/s y les estoy transmitiendo valores espirituales | ☐ | ☐ | ☐ | ☐ | ☐ |
| Converso acerca de asuntos claves de paternidad con el padre/la madre de mi/s hijo/s y acordamos un enfoque conjunto | ☐ | ☐ | ☐ | ☐ | ☐ |

*Solo para cursos de diez semanas*

**Diálogo en el grupo pequeño**

1. ¿Puede recordar un momento especial en que recibió apoyo de parte de su familia mientras usted crecía?

2. ¿Tuvo diversión en su familia mientras crecía? Si fue así, ¿cuándo ocurrió?

3. ¿Cuándo tienen el momento más divertido como familia?

4. Su hijo, ¿en dónde aprende más acerca de cómo desarrollar relaciones saludables?

5. ¿Qué podría hacer para invertir en las múltiples relaciones dentro de su familia?

**Tarea** – Complete el **Ejercicio 1** en las páginas 19 y 20

Notas

# Parte 2 Patrones para una vida familiar saludable

## Establecer objetivos

- Tener una visión para nuestra vida familiar
- Hacer una pausa para pensar acerca de lo que deseamos alcanzar
- ¿Cuáles serán los recuerdos que nuestros hijos tengan de nosotros y su hogar dentro de veinte años?

**Objetivos para nuestra vida familiar**

Cuando sean adultos, ¿nuestros hijos asociarán su crecimiento con:

- haberse divertido juntos como familia?
- haber sido escuchados?
- haber sido capaces de hablar frente a decisiones difíciles?
- haber sido animados y afirmados?
- haber sido valorados por su personalidad y dones singulares?
- haber sabido que eran amados?
- haber aprendido valores importantes de honestidad, generosidad, etc?
- haber aprendido a pensar en los demás?
- haber recibido oración por su vida?
- haber tenido límites claros para su propia protección?
- haber visto modelos de amabilidad?

### 1. La importancia de jugar

> "Uno de los mayores efectos colaterales de la revolución tecnológica ha sido el reemplazo de actividades tradicionales (correr, trepar, simular, hacer, compartir) con un estilo de vida solitario y sedentario basado en una pantalla".
>
> **Sue Palmer**, *Toxic Childhood (en español, "Infancia Tóxica")*

- Usar su imaginación
- Aprender habilidades
- Jugar solos
- Jugar con otros

- jugar dentro de la casa y al aire libre
- limitar el tiempo frente a la pantalla

Notas

| Límites recomendados acerca de la TV | |
|---|---|
| **Edad del niño** | **Cantidad de tiempo** |
| Menos de tres años | Sin exposición a ninguna pantalla |
| De tres a siete años | 30 a 60 minutos por día |
| De siete a doce años | 60 minutos por día |
| De doce a quince años | 90 minutos por día |
| Más de dieciséis años | 2 horas por día |

Fuente: Dr. Aric Sigman

## 2. La importancia de estrechar lazos

- Para los hijos, el amor se deletrea "T-I-E-M-P-O"
- Los hijos necesitan tanto cantidad como cualidad de tiempo
- La importancia de los primeros dieciocho meses de vida
- ¿Quién será el principal cuidador de nuestro hijo?
- Puede ser difícil establecer un balance entre nuestra paternidad y nuestro empleo
  - trabajando en casa/para casa
  - tiempo completo/tiempo parcial
- El tiempo que invirtamos con nuestros hijos es más poderoso para comunicar nuestro amor que cualquier cosa que digamos
- Debemos **priorizar** nuestro tiempo
  - aprender cuándo decir "sí" a nuestros hijos y "no" a otras personas y/o cosas
  - el único lugar donde somos indispensables es nuestro hogar
- Debemos **planificar** nuestro tiempo
  - el tiempo compartido con las personas más valiosas para nosotros no ocurre por casualidad
  - si está casado/a, planifique un "tiempo de pareja" cada semana
  - como padre, planifique un "tiempo familiar" cada semana
  - planifique algo de tiempo personal con cada hijo (veremos esto con más detalle en la Sesión 2, Parte 2)

Notas

- Debemos **proteger** nuestro tiempo de
  - la TV
  - el teléfono
  - otras personas
  - nuestro trabajo

### 3. Establecer rutinas

- las rutinas dan seguridad
- los niños se desarrollan mediante rutinas
- Tiempos de comida habituales
  - ayudan a proveer una dieta saludable
  - conceden oportunidades para estar juntos como familia
  - hay muchos beneficios de sentarse juntos alrededor de una mesa
- Hora de dormir
  - es importante que los niños tengan suficiente tiempo de sueño
  - hora del baño, momento para un cuento, tiempo de oración
  - proporciona oportunidades naturales para hablar y transmitir valores a nuestros hijos
  - establece canales de comunicación en cada nivel
    - emocional
    - físico
    - espiritual

| **Horas de sueño recomendadas** | | |
|---|---|---|
| | **Edad** | **Horas de sueño recomendadas (diariamente)** |
| Bebés | 3 a 11 meses | 14 a 15 horas |
| Deambuladores | 12 a 35 meses | 12 a 14 horas |
| Niños pequeños | 3 a 6 años | 11 a 13 horas |
| Niños mayores | 7 a 11 años | 10 a 11 horas |

Fuente: Sue Palmer, *Toxic Childhood (en español, "Infancia tóxica")*

*Solo para cursos de cinco semanas*

## Diálogo en el grupo pequeño

1. ¿Puede recordar un momento especial en que recibiera apoyo de parte de su familia mientras usted crecía?

2. ¿Tuvo diversión en su familia mientras crecía? Hoy en día, ¿en qué momento tienen mayor diversión juntos como familia?

3. ¿Qué demandas en su calendario le impiden pasar tiempo con sus hijos?

4. ¿Qué rutinas han desarrollado en su familia? *(por ejemplo, un "tiempo familiar" semanal durante el fin de semana, en torno a las comidas, a la hora de dormir)*

5. ¿Qué nuevas rutinas le gustaría desarrollar?

**Tarea** – Complete los **Ejercicios 1 y 2** en las páginas 19 a 22

*Solo para cursos de diez semanas*

**Diálogo en el grupo pequeño**

1. ¿Cuál es su principal objetivo como padre/tutor?

______________________________________________

______________________________________________

2. ¿Qué cosas ayudan a que su/s hijo/s participen en juegos saludables?

______________________________________________

______________________________________________

3. ¿Qué demandas en su calendario le impiden pasar tiempo con sus hijos?

______________________________________________

______________________________________________

4. ¿Qué rutinas han desarrollado en su familia? *(por ejemplo, un "tiempo familiar" semanal durante el fin de semana, en torno a las comidas, a la hora de dormir)*

______________________________________________

______________________________________________

5. ¿Qué nuevas rutinas le gustaría desarrollar?

______________________________________________

______________________________________________

**Tarea** – Complete el **Ejercicio 2** en las páginas 21 y 22

# Tarea para el hogar 

## Ejercicio 1

## Planificar el tiempo familiar

Planifique un tiempo familiar esta semana (o tan pronto como fuere posible):

El día ______________________________ (fecha) tendremos un tiempo familiar juntos.

Como familia planificamos realizar:

_______________________________________________________________

_______________________________________________________________

*(Planifique una actividad especial con su/s hijo/s, o manténgalo como una sorpresa)*

Actividades sugeridas:

1. Ir al parque; jugar fútbol, voley, etc.
2. Realizar un torneo de cartas, ajedrez o damas
3. Jugar a las adivinanzas (¡a los niños les encanta ver a sus padres "haciendo el tonto"!)
4. Dibujar, colorear o pintar (traten de hacer algunos retratos de ustedes)
5. Jugar con bloques, autos o soldados
6. Jugar a la "casa" o disfrazarse
7. Intentar cocinar una nueva receta juntos
8. Hacer o remendar algo juntos
9. Jugar a las escondidas, a "cazar el dedal" o un juego similar
10. Salir a caminar o andar en bicicleta
11. Salir a navegar
12. Salir de picnic (¡cuando el clima sea bueno o incluso bajo la lluvia!)
13. Hacer panqueques juntos
14. Ir a patinar (¡con el equipamiento de protección adecuado!)
15. Ir a nadar
16. Planificar una búsqueda del tesoro. Tratar de encontrar algo en la casa para cada letra del alfabeto
17. Leer un buen libro en voz alta *(por ejemplo, libros como "Las crónicas de Narnia" de C.S. Lewis apelan tanto a adultos como a niños).*
18. Ver álbumes de fotos o videos/DVD familiares
19. Realizar una grabación con las "noticias familiares" más recientes, y enviarla a un amigo cercano o un familiar a quien no vean con mucha frecuencia

Sigue a continuación 

**Ejercicio 1 (continuación)**

20. Disfrutar de un juego de mesa en el que todos puedan participar (Monopoly, Scrabble, Juego de la Vida, etc.)
21. Cantar canciones favoritas o recitar rimas (quizás con instrumentos hechos en casa)
22. Realizar un collage utilizando desde botones viejos y material de descarte hasta fotos recortadas de una revista
23. Hacer un sitio de Internet familiar, con fotos y noticias
24. Hacer un sencillo bebedero para aves y colocarlo donde todos puedan verlo
25. Hacer títeres y armar un espectáculo para la familia
26. Tener una barbacoa y cocinar bananas con su cáscara. ¡Y luego rellenarlas con chocolate!
27. Visitar a una persona anciana
28. Escuchar un cuento en CD (muchas historias infantiles y de la Biblia vienen en formato de libro y audio CD para los niños más pequeños)
29. Animar a los niños más pequeños a dibujar y colorear una foto que será enviada a sus abuelos. Los niños más grandes podrían escribir una carta
30. Jugar al tennis, baloncesto, golf o cual fuere el deporte que sus hijos disfruten
31. Llevar a los niños de visita al lugar donde uno de los padres trabaja
32. Dibujar un árbol genealógico en papel y completarlo juntos como familia. Añadir fotografías, si las tuvieren
33. Dar a cada persona un pedazo grande de papel y, por turnos, trazar el contorno de cada cuerpo. Luego colorear el dibujo con los rasgos de cada persona
34. Juntar una variedad de hojas durante el otoño y prensarlas dentro de un libro
35. Planificar como familia la ayuda para un niño que viva en un país en desarrollo
36. Salir a caminar cerca de su casa para conocer mejor el vecindario
37. Armar juntos un álbum de recortes que describa unas vacaciones favoritas o cualquier otro evento especial (con fotos, imágenes, escritos, souvenirs, etc.)
38. Redactar y realizar una pantomima o llevar a cabo el "juego del adverbio" (se requiere que un miembro de la familia realice una acción a pedido y el resto de la familia debe averiguar el adverbio, ¡de manera que habrá que actuar como si uno comiera la cena "bruscamente" o jugara al fútbol "torpemente"!)
39. Salir juntos a por un helado, un chocolate caliente o una malteada

Otras ideas:

________________________________________

________________________________________

________________________________________

Ejercicio 2

## Hábitos saludables

¿En qué áreas le gustaría ver cambios en la manera como desarrolla su paternidad?

1. Como padre, mis objetivos principales son:

i. ______________________________

ii. ______________________________

iii. ______________________________

2. ¿Se beneficiarían sus hijos al tener más juegos activos/creativos? Sí/No

En caso afirmativo: Yo podría animar a mi/s hijo/s y permitir que jueguen en forma más creativa al:

______________________________

3. ¿Qué nuevas rutinas (si hubiere) le gustaría introducir en su vida familiar? *(por ejemplo: un "tiempo familiar" semanal, comidas en torno a la mesa, una rutina a la hora de dormir, hacer algo especial durante el fin de semana o la época de vacaciones)*

En forma cotidiana

- ______________________________
- ______________________________

En forma semanal

- ______________________________
- ______________________________

Sigue a continuación

**Ejercicio 2 (continuación)**

En forma anual

- ______________________________

- ______________________________

4. ¿Qué demandas en su calendario se presentan en conflicto con estas rutinas?

- ______________________________

- ______________________________

- ______________________________

5. ¿Qué cambios/sacrificios podría usted hacer para que estas nuevas rutinas se convirtieran en algo posible?

- ______________________________

- ______________________________

- ______________________________

# 2

# Satisfacer las necesidades de sus hijos

Notas

## Repaso

### Sesión 1: Desarrollar cimientos sólidos

¿Cuál es el propósito de la familia?

- una familia proporciona apoyo
- una familia proporciona diversión
- una familia proporciona una brújula moral
- una familia proporciona un modelo para relacionarse con los demás

Establecer una vida familiar saludable

- juegos saludables
- vinculación saludable
- rutinas saludables
  - a diario: comidas/hora de dormir
  - semanal: crear un "tiempo familiar" para divertirse juntos

**Para conversar:**

¿Qué fue lo más relevante para usted de la Sesión 1? ¿Ha organizado algún tipo de "tiempo familiar" desde entonces?

## Parte 1 Los cinco lenguajes del amor:

### El amor en acción

- La confianza propia se construye mediante el saber que somos amados
- La confianza propia nos capacita para:

Notas

   - ser diferentes cuando necesitemos serlo
   - desarrollar relaciones estrechas
- Nuestros hijos tienen "cisternas emocionales" que deben mantenerse llenas
- Las acciones de su conducta sirven como indicador que muestra el nivel en el que se encuentra su cisterna

**Cinco formas de expresar amor**

(basado en *"Los cinco lenguajes del amor de los niños"*, escrito por Gary Chapman y Ross Campbell)

**1. Palabras de afirmación**

- Nuestras palabras pueden afectar (para el resto de su vida) la manera en que los niños piensan acerca de sí mismos
- No conceda elogios en forma indiscriminada. Esté atento/a a los atributos y las acciones que realmente merezcan ser elogiados
- Las palabras de afirmación los ayudan a desarrollarse y afectarán positivamente su conducta y sus logros

> "La regla de oro es esta: atrape a sus niños in fraganti haciendo algo correcto y elógielos por ello".
>
> **Steve Chalke, *How to Succeed as a Parent (en español, Cómo tener éxito como padres)***

- Practique expresar elogios por el éxito en lugar de realizar críticas por los fracasos
- Corriga los errores sin condenar al niño

**2. Contato físico afectuoso**

- El contacto físico es vital para un niño, tanto para los varones como para las niñas
- Una manera esencial de transmitir nuestro amor por nuestro/s hijo/s
- A algunos padres no les resulta natural ser demostrativos
- Todos podemos aprender
- Crear rutinas cotidianas que involucren afecto físico

*Solo para cursos de cinco semanas*

**Ejercicio**

## Empleando palabras y contacto físico

Complete con sus respuestas las dos preguntas que figuran debajo y luego dialogue con una o dos personas acerca de lo que haya escrito.

1. ¿Cuán natural le resulta expresar palabras de afirmación y dar contacto físico afectuoso a su/s hijo/s?

___

___

2. ¿Esto se relaciona a las experiencias de su propia infancia?

___

___

*Solo para cursos de diez semanas*

**Diálogo en el grupo pequeño**

1. ¿Cuáles son las señales de una "cisterna emocional" vacía en su/s hijo/s?

___

___

2. ¿Ha escuchado acerca del concepto de los "cinco lenguajes del amor"? En caso afirmativo, ¿cuán útiles han sido para usted en todas sus relaciones?

___

___

Sigue a continuación ⇨

3. ¿Cuán natural le resulta expresar palabras de afirmación a su/s hijo/s? ¿Esto se relaciona a las experiencias de su propia infancia?

---

---

4. ¿Qué le ayuda a usted como padre para expresar más elogios que críticas?

---

---

5. ¿Cuán natural le resulta expresar contacto físico afectuoso a su/s hijo/s? ¿Esto se relaciona a las experiencias de su propia infancia?

---

---

**Tarea** – Complete los **Ejercicios 1 y 2** en las páginas 31 y 32

## Parte 2 Los cinco lenguajes del amor: tiempo, regalos y acciones

3. Tiempo personal

- Nuestros hijos anhelan ser notados por nosotros y desean nuestra atención
- El tiempo especial con cada hijo desarrolla su autoestima y su capacidad de relacionarse con los demás
- Puede resultar difícil para nosotros, como padres, reconocer esta necesidad y satisfacerla
- Cuantos más hijos tengamos, se demanda más planificación y esfuerzo conscientes
- Los canales de comunicación se abren mediante el hecho de invertir tiempo personal con nuestro/s hijo/s
- Puede transformar la conducta de un niño
- El contacto visual:
  - puede emplearse tanto positiva como negativamente
  - los niños aprenden al ver modelos; si lo hacemos, ellos lo harán
  - fácil cuando son bebés, pero no debemos dejar de establecer contacto visual cuando vayan creciendo
  - un buen contacto visual va de la mano con una "escucha activa"

"El contato visual es crucial no solo para establecer un contacto comunicacional con un hijo, sino también para satisfacer su necesidad emocional".

**Ross Campbell,** ***How to Really Love Your Child*** ***(en español, "Cómo amar realmente a sus hijos")***

4. Regalos atentos

- Los regalos no tienen por qué ser costosos
- Pueden tener un alto valor emotivo
- No deben usarse como sustitutos de las palabras, el tiempo o el contacto físico
- Reconocer cuando un hijo esté expresando amor mediante el deseo de darle un regalo a usted
- Enséñeles el valor de esperar algo que se desea ("gratificación diferida")

Notas

Notas

5. Acciones amables

- ¡Muchas oportunidades para los padres!
- Por lo general, los niños pequeños dan por sentado dichas acciones
- Es importante enseñar a nuestros hijos a mostrar y expresar su gratitud por lo que nosotros y otras personas hagan por ellos
- Merece la pena verificar nuestra actitud. Cuando realizamos cosas por nuestro/s hijo/s, ¿lo hacemos voluntariamente o movidos por una sensación de culpa?
- Es bueno permitir que nuestros hijos expresen amor al intentar realizar acciones amables y útiles

**Debemos expresar amor a nuestro/s hijo/s de las cinco maneras**

- Para los niños, algunas expresiones de amor/ "los lenguajes del amor" serán más importantes que otras/os
- A medida que nuestros hijos crezcan, debemos tratar de reconocer sus formas primarias y secundarias de sentirse amados
- Preste atención particular a fin de utilizar los principales lenguajes del amor

*Solo para cursos de cinco semanas*

**Diálogo en el grupo pequeño**

1. ¿Cuáles son las señales de una "cisterna emocional" vacía en su/s hijo/s?

2. ¿Guarda recuerdos de su propia infancia de haber recibido amor de parte de su/s padre/s a través de alguno de los cinco lenguajes del amor?

3. ¿Cuál de los cinco (palabras, contacto físico, tiempo, regalos y acciones) era el más importante para que usted, cuando niño, se sintiera amado/a?

4. ¿Cuáles expresiones de amor considera que producen la mayor diferencia en su/s hijo/s?

5. ¿Cuál de los cinco le resulta más difícil dar? ¿Qué le ayudaría a mostrar amor mediante dicha manera?

**Tarea** – Complete los **Ejercicios 1 al 4** en las páginas 31 a 34

*Solo para cursos de diez semanas*

**Diálogo en el grupo pequeño**

1. ¿Guarda recuerdos de su propia infancia de haber recibido amor de parte de su/s padre/s a través de alguno de los cinco lenguajes del amor?

______________________________________________

______________________________________________

2. ¿Cuál de los cinco (palabras, contacto físico, tiempo, regalos y acciones) era el más importante para que usted, cuando niño, se sintiera amado/a?

______________________________________________

______________________________________________

3. ¿Cuáles expresiones de amor considera que producen la mayor diferencia en su/s hijo/s?

______________________________________________

______________________________________________

4. ¿Cuál de los cinco le resulta más difícil dar? ¿Qué le ayudaría a mostrar amor mediante dicha manera?

______________________________________________

______________________________________________

**Tarea** – Complete los **Ejercicios 3 y 4** en las páginas 32 a 34

## Tarea para el hogar

Ejercicio 1

### Clasificación de los cinco lenguajes del amor

Si su/s hijo/s es/son lo suficientemente grande/s, intente clasificar las cinco formas de expresar amor en orden de prioridad para ellos y para usted/es.

**Usted**

1. ______________________
2. ______________________
3. ______________________
4. ______________________
5. ______________________

**Cónyuge (si correspondiere)**

1. ______________________
2. ______________________
3. ______________________
4. ______________________
5. ______________________

**Hijo/a**

1. ______________________
2. ______________________
3. ______________________
4. ______________________
5. ______________________

**Hijo/a (si correspondiere)**

1. ______________________
2. ______________________
3. ______________________
4. ______________________
5. ______________________

(Realice una lista similar si tuviere/n más hijos)

- Compruebe que esté mostrando amor a su/s hijo/s a través de las cinco expresiones de amor
- Preste atención especial de expresar los dos lenguajes del amor que sean más importantes para cada hijo

Ejercicio 2

## Dar aliento

Prepare una lista de las declaraciones de aliento y afirmación que haya dicho a su/s hijo/s hoy (o ayer), y luego redacte una lista con las declaraciones críticas que expresó.

| Declaraciones de afirmación | Declaraciones críticas |
|---|---|
| | |
| | |
| | |
| | |
| | |
| | |
| | |
| | |
| | |
| | |
| | |

¿Qué lista tiene mayor extensión? Si hubiere más palabras críticas que declaraciones de afirmación, realice un esfuerzo consciente para revertir la balanza durante la próxima semana.

Ejercicio 3

## Recuerdos de la infancia acerca del tiempo personal

1. Escriba algún/algunos recuerdo/s de su infancia cuando un padre o ambos (o la/s persona/s que lo criaron) pasó/pasaron tiempo haciendo algo especial con usted

______________________________________________

______________________________________________

**Ejercicio 3 (continuación)**

2. ¿Cómo le hicieron sentir aquellos momentos compartidos?

______________________________________________

______________________________________________

3. ¿Qué tiempo personal podría pasar con su/s hijo/s a fin de generar recuerdos especiales en ellos? (Escriba un plan similar para cada hijo)

   - Planeo dar (indique la cantidad y frecuencia de tiempo)

     ______________________________________________

     hacer (indique la actividad) ______________________________

     con (indique el/la hijo/a) ______________________________

   - Planeo dar (indique la cantidad y frecuencia de tiempo)

     ______________________________________________

     hacer (indique la actividad) ______________________________

     con (indique el/la hijo/a)______________________________

Ejercicio 4

## Dar responsabilidad a los hijos

(Solo complete este ejercicio si tiene un hijo lo suficientemente mayor como para asumir la responsabilidad de alguna de las tareas hogareñas).

Prepare una lista de tareas hogareñas que su/s hijo/s podrían hacer (o ayudar con) en forma adecuada a su edad.

| Hijo/a | Edad | Responsabilidades |
|---|---|---|
| *Ejemplo: Juan* | *3* | *Ordenar los juguetes antes de bañarse* |
| *Ejemplo: Lupita* | *9* | *Preparar la mesa*<br>*Ayudar con la limpieza luego de las comidas*<br>*Guardar la bicicleta en el cobertizo* |
| | | |
| | | |
| | | |
| | | |
| | | |

# 3 Establecer límites

## Repaso

### Sesión 1: Desarrollar cimientos sólidos

¿Cuál es el propósito de la familia?

- una familia proporciona apoyo
- una familia proporciona diversión
- una familia proporciona una brújula moral
- una familia proporciona un modelo para relacionarse con los demás

Establecer una vida familiar saludable

- juegos saludables
- vinculación saludable
- rutinas saludables
  - a diario: comidas/hora de dormir
  - semanal: crear un "tiempo familiar" para divertirse juntos

### Sesión 2: Satisfacer las necesidades de sus hijos

- Nuestros hijos tienen "cisternas emocionales" que deben mantenerse llenas de amor
- Cinco formas de mostrar amor mediante
  - palabras de afirmación
  - contacto físico afectuoso
  - tiempo especial
  - regalos atentos
  - acciones amables

Notas

**Para conversar:**

¿Han tratado de usar durante la semana alguno de los cinco lenguajes del amor en una forma diferente? Si lo hicieron, ¿cuál fue el resultado?

"No corregir al hijo es no quererlo; amarlo es disciplinarlo".

**Proverbios 13.24, La Biblia**

"Y ustedes, padres, no hagan enojar a sus hijos, sino críenlos según la disciplina e instrucción del Señor".

**Efesios 6.4, La Biblia**

## Parte 1 Combinando amor y límites

### ¿Por qué establecemos límites?

- El fundamento de la disciplina eficaz es el amor incondicional
- Un niño en crecimiento quiere y necesita saber dónde están los límites y quién estará a cargo de hacerlos cumplir
- La disciplina desarrolla tres cosas:
  1) auto disciplina (para un comportamiento moralmente responsable)
  2) un respeto por la autoridad (parental y otras autoridades)
  3) un sentido de seguridad

### ¿En qué áreas establecemos límites?

- Los extremos son peligrosos, ya sea la dureza o la permisividad
- Crear un balance
- Proponerse desarrollar la paternidad con autoridad en vez de ser autoritarios, indulgentes o negligentes

### Cuatro estilos de paternidad

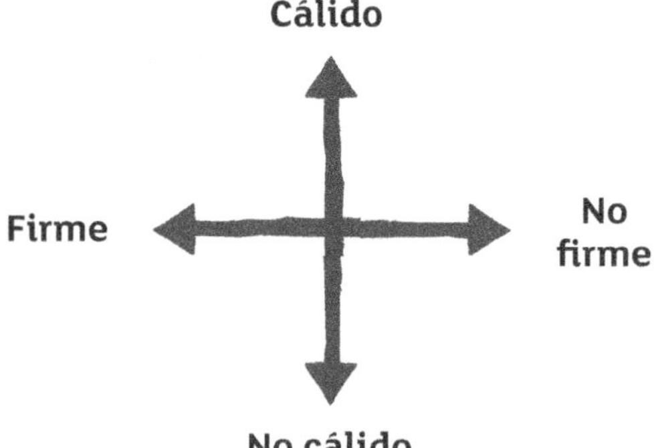


Fuente: Sue Palmer, *Toxic Childhood (en español, "Infancia tóxica")*

**Ejemplos de distintos estilos de paternidad:**

1. Richard, de diez años de edad, quiere rentar un DVD clasificado como "apto para mayores de 13 años" acerca del que sus amigos han estado hablando.
   - ¿Qué haría un padre negligente? ______________________
   - ¿Qué haría un padre autoritario? ______________________
   - ¿Qué haría un padre indulgente? ______________________
   - ¿Qué haría un padre con autoridad? ______________________

2. Annie, de cuatro años de edad, le arrebató la pelota a Sarah, otra niña de la misma edad, en el patio de juegos
   - ¿Qué haría un padre autoritario? ______________________
   - ¿Qué haría un padre indulgente? ______________________
   - ¿Qué haría un padre negligente? ______________________
   - ¿Qué haría un padre con autoridad?______________________

**¿Cómo establecemos límites?**

**1. Decisiones correctas e incorrectas**

- Enseñe la diferencia entre conducta aceptable y conducta inaceptable
- Explique las consecuencias: agradables por una buena conducta y desagradables por cruzar algún límite establecido
- Dígales que la elección es de ellos
- Enséñeles a asumir la responsabilidad por sus propias acciones

Notas

- Recompense las “elecciones corretas” con un elogio descriptivo
- Utilice un sistema en el que se sumen o resten “estrellas” (o su equivalente) para cuestiones persistentes
- Disponga consecuencias negativas por las “elecciones incorrectas”

**2. Escoger las batallas correctas**

- Haga una pausa para pensar
- Deténgase a pensar si su hijo está en una situación “HALT” *(nota de traducción: el significado literal es “ALTO”. Se trata de un acrónimo que en inglés refiere a las siguientes palabras, aquí expresadas en forma distinta por diferencias lingüísticas):*

  H______________________________

  A______________________________

  S______________________________

  C______________________________

- O, ¿será usted el que se encuentre así?

**3. Reconocer la niñería natural**

- Reconozca la diferencia entre la niñería natural y la desobediencia
- Ayuda a reducir las batallas que debemos librar
- Ajusta nuestras expectativas de acuerdo a su nivel de madurez

**4. Mantener el sentido del humor**

- Encuentre formas de aliviar el ambiente
- Ríanse entre ustedes y con otros padres

*Para cursos de cinco y diez semanas*

**Ejercicio**

## Niñería natural

Piense en algunos ejemplos de niñerías naturales en diferentes edades. Luego dialoguen con una persona o dos acerca de lo que hayan completado.

| Edad del niño | Ejemplo |
|---|---|
| *p.ej: 2* | *distraído por su hermano mayor, golpea y derrama su vaso de leche* |
| • ____________ | ______________________________ |
| • ____________ | ______________________________ |
| • ____________ | ______________________________ |

¿Cuál es la mejor manera de reaccionar a estos ejemplos de niñerías? ¿Podría ayudar el humor?

- ______________________________
- ______________________________
- ______________________________

*Solo para cursos de diez semanas*

**Diálogo en el grupo pequeño**

1. ¿Cuál estilo de paternidad tiende usted a adoptar? ¿Se debe al modo en que fue criado por sus padres?

______________________________

______________________________

Sigue a continuación ⇨

**Ejercicio (continuación)**

2. ¿Qué le ayuda a decidir las batallas que debe librar?

______________________________________________

______________________________________________

3. ¿Qué puede hacer para reforzar las "elecciones correctas"?

______________________________________________

______________________________________________

4. ¿Qué consecuencias podría establecer para las "elecciones incorrectas"?

______________________________________________

______________________________________________

**Tarea** – Complete el **Ejercicio 1** en las páginas 44 y 45

## Parte 2 Ayudar a nuestros hijos a tomar buenas decisiones

1. **Ser justos y claros**
   - ¿Son lo suficientemente mayores como para comprender nuestras instrucciones?
   - ¿Estamos esperando demasiado de su edad?

2. **Usar su voz en forma eficaz**
   - Utilice un tono de voz serio para enseñar lo que significa el "no"
   - Propóngase no gritar a menos que se trate de una advertencia de peligro

3. **La acción cosecha resultados**
   - Gritar y amenazar no son actitudes eficaces

- Es importante hacer algo en relación al mal comportamiento, por ejemplo: *seguir adelante con la implementación de una consecuencia establecida*

**4. Estar un paso adelante**

- Utilice la distracción, *por ejemplo: distraiga a su hijo de un asunto que esté causando conflicto*
- Desarrolle sus propias reglas familiares para evitar discusiones frecuentes

**5. Dar alternativas**

- Disponer de alternativas es una parte importante del aprendizaje de un hijo para asumir su responsabilidad
- Dé alternativas sobre asuntos que no sean importantes, *por ejemplo: "¿Cuál de tus juguetes quisieras llevar?" y "¿Quisieras jugar en la playa o ir a nadar?"*
- Dar alternativas ayuda a evitar el conflicto

**6. Permanecer en control**

- Evite ser arrastrado/a por "competencias de gritos"
- Nuestras reacciones emocionales pueden dar a los hijos un sentido de poder sobre nosotros, como si dejáramos que presionaran un "gran botón rojo" en nuestras frentes para vernos reaccionar, por ejemplo: enojarnos, perseguirlos, enfadarnos
- Encuentre la manera de dar advertencias reales
- No se deje manipular por los gritos, las quejas o las rabietas

**7. Seguir adelante con las consecuencias**

- No utilice amenazas vanas. Solo dé advertencias que luego pueda cumplir
- Determine consecuencias eficaces

**8. Trabajar juntos**

- Cuando ambos padres están involucrados:
  - se ponen de acuerdo en la estrategia a seguir (puede requerir diálogo y entendimiento mutuo)
  - son coherentes
  - se apoyan mutuamente

Notas

*Solo para cursos de cinco semanas*

## Diálogo en el grupo pequeño

1. De los cuatro estilos de paternidad (negligente, autoritario, indulgente y con autoridad), ¿cuál de ellos tiende usted a adoptar? ¿Será por la manera en que lo/la criaron?

2. Con su/s propio/s hijo/s, ¿cuáles son las situaciones más complicadas cuando se requiere disciplina?

3. ¿Qué podría ayudarle para reforzar las "elecciones correctas"?

4. ¿Qué consecuencias podría poner en práctica frente a las "elecciones incorrectas"?

5. ¿Qué podría ayudarle a decidir las batallas que debiera librar?

6. ¿De qué modo podría estar en control de sí mismo/a cuando deba enfrentar el mal comportamiento?

______________________________________________

______________________________________________

**Tarea** – Complete los **Ejercicios 1 y 2** en las páginas 44 a 46

*Solo para cursos de diez semanas*

## Diálogo en el grupo pequeño

1. Con su/s propio/s hijo/s, ¿cuáles son las situaciones más complicadas cuando se requiere disciplina?

______________________________________________

______________________________________________

2. ¿Qué principios de esta sesión le resultan de mayor ayuda en el abordaje de estas situaciones?

______________________________________________

______________________________________________

3. ¿De qué modo podría estar en control de sí mismo/a cuando deba enfrentar el mal comportamiento?

______________________________________________

______________________________________________

**Tarea** – Complete el **Ejercicio 2** en las páginas 45 y 46

# Tarea para el hogar

## Ejercicio 1

## Combinación de amor y firmeza

1. Piense en su propia infancia y la manera en que sus padres lo criaron. ¿Cuál de los cuatro estilos de paternidad ejerció/ejercieron su/s padre/s / tutor/es principalmente?

   - ☐ negligente (bajos en calidez y firmeza)
   - ☐ autoritarios (bajos en calidez, altos en firmeza)
   - ☐ indulgentes (altos en calidez, bajos en firmeza)
   - ☐ con autoridad (altos en calidez y firmeza)

2. ¿Se encuentra usted mismo copiando o reaccionando contra la manera en que sus padres ejercieron la paternidad?

   ______________________________________________

3. ¿Qué le gustaría hacer en forma diferente con su/s hijo/s?

   ______________________________________________

   ______________________________________________

4. Piense acerca del concepto HALT (por sus siglas en inglés para definir "hambriento", "ansioso", "solitario", "cansado"). ¿Alguna de estos se aplica en forma habitual a su/s hijo/s cuando está/n comportándose mal?

   ☐ Hambriento ☐ Ansioso ☐ Solitario ☐ Cansado

5. ¿Qué podría hacer para cambiar estas situaciones?

**Ejercicio 1 (continuación)**

6. ¿Alguna de ellas se aplica a usted en forma frecuente?

☐ Hambriento ☐ Ansioso ☐ Solitario ☐ Cansado

7. ¿En qué aspectos usted podría cuidarse mejor para lograr ser más eficaz como padre? *(por ejemplo: dormir más, tener un receso frecuente, realizar algo de ejercicio, consultar con un médico, encontrar compañía adulta)*

______________________________

______________________________

(ver el Capítulo 2 de *"El libro para padres de familia"* para obtener más sugerencias en cuanto a encontrar apoyo)

**Ejercicio 2**

## Alentar decisiones correctas

1. ¿Qué alternativas le ha dado a su/s hijo/s hoy?

______________________________

______________________________

2. ¿Qué aliento (consecuencias agradables) ha expresado esta semana frente a las "elecciones correctas"?

______________________________

______________________________

Sigue a continuación

**Ejercicio 2 (continuación)**

3. ¿Qué consecuencias desagradables ha empleado esta semana para lidiar con las "elecciones incorrectas"?

________________________________________________

________________________________________________

4. ¿Podría pensar en un asunto donde pudieran trabajar juntos como padres para ser más eficaces?

________________________________________________

Conversen acerca del asunto e intenten acordar un enfoque conjunto. (Probablemente quieran realizar un "torbellino de ideas" y escoger una para intentar ponerla en práctica. Luego de unos pocos días/unas pocas semanas verifiquen cómo ha resultado).

Enfoques posibles: 1. ________________________________

2. ________________________________

3. ________________________________

4. ________________________________

Nuestro enfoque acordado para implementar ahora es el siguiente (escoja la mejor idea de lo que escribieron aquí arriba): ____________________

________________________________________________

# 4

# Enseñar relaciones saludables

Notas

## Repaso

### Sesión 1: Desarrollar cimientos sólidos

¿Cuál es el propósito de la familia?

- una familia proporciona apoyo
- una familia proporciona diversión
- una familia proporciona una brújula moral
- una familia proporciona un modelo para relacionarse con los demás

Establecer una vida familiar saludable

- juegos saludables
- vinculación saludable
- rutinas saludables
  - a diario: comidas/hora de dormir
  - semanal: crear un "tiempo familiar" para divertirse juntos

### Sesión 2: Satisfacer las necesidades de sus hijos

- Nuestros hijos tienen "cisternas emocionales" que deben mantenerse llenas de amor
- Cinco formas de mostrar amor mediante
  - palabras de afirmación
  - contacto físico afectuoso
  - tiempo especial
  - regalos atentos
  - acciones amables

### Sesión 3: Establecer límites

- La importancia de establecer límites adecuados para nuestros hijos

Notas

- Los límites para la conducta desarrollan la autodisciplina, el respeto por la autoridad y la seguridad de un hijo
- Mostrar calidez y firmeza (el estilo de paternidad con autoridad)
- Distinguir entre desobediencia y niñería natural. Asegurarse de que haya consecuencias agradables, como un elogio, por las elecciones correctas de su hijo
- Dar una consecuencia desagradable como "hoy no saldrás a jugar con tus amigos" frente a las elecciones incorrectas del hijo
- Trabajar juntos como padres

**Para conversar:**

Piense acerca de un ejemplo de un límite que debió imponer esta semana. ¿Cuál fue el resultado?

## Parte 1 Modelar y practicar relaciones

### El poder que tiene el escuchar a los hijos

1. Prestar atención plena
   - Reconozca los momentos importantes para mostrar que usted está escuchando
   - Mantenga el contacto visual

2. Mostrar interés
   - Involucra esfuerzo y generosidad
   - Escuche lo que le atrae a su/s hijo/s

3. Evitar dañarlos
   - Valore sus ideas
   - Permita que expresen sentimientos negativos como decepciones, vergüenza, tristeza, ansiedad y enojo

4. **Reflexionar**
    - Repita a su hijo/a lo que usted considera que él/ella esté diciéndole
    - Mencione a su hijo/a algunas de las palabras que ha dicho, pero no como si usted fuera un "loro" pues de ese modo podría molestar
    - Concéntrese en reflexionar acerca de los sentimientos que usted considera que su hijo/a está tratando de expresar, *por ejemplo: "¿suena como que estás enfadado o frustrado o triste?"*
    - La escucha reflexiva ayudará a que su/s hijo/s identifiquen por nombre sus propios sentimientos

## Relaciones con hermanos y otros niños

1. **No realice comparaciones**
    - Valore a cada hijo por su singularidad
    - Evite rotular o etiquetar a su/s hijo/s
    - No haga que uno de ellos se vea mejor en detrimento de un hermano

2. **No intente el arbitraje en cada pelea**
    - Dé espacio para que puedan enfrentar sus propios desacuerdos
    - Sea imparcial. No culpe siempre al hijo mayor ni se apresure en sus conclusiones
    - Intervenga si se estuvieren lastimando entre ellos
    - No permita palabras crueles o intimidatorias
    - Piense de antemano en asuntos frecuentes que ocasionan las disputas: tomen turnos cuando fuere posible

3. **Pasar tiempo juntos como familia**
    - No coman siempre en forma separada
    - No tengan varios TV en la casa
    - Organicen noches familiares, salidas en familia y vacaciones juntos
    - Realicen tareas juntos
    - Permita que se diviertan junto a ustedes, realizando juegos de niños, "haciendo el tonto", jugando al aire libre

Notas

Notas

- No procure que siempre estén entretenidos; deje que se aburran de modo que puedan realizar sus propios juegos
- Diviértanse juntos como familia

4. **Dar espacio y algo de privacidad a cada hijo**
   - Algunos hijos necesitan más tiempo a solas que otros

5. **Ayudar a que vean en forma mutua los aspectos buenos del otro**
   - Déles un sentido de responsabilidad mutua, de velar unos por otros

*Para cursos de cinco y diez semanas*

**Ejercicio**

## Escucha reflexiva

1. ¿Qué sentimientos podrían yacer detrás de estas declaraciones de uno de nuestros hijos?
   1. *"No regresaré jamás a la escuela. Odio la escuela"*
   2. *"¡Nuestro equipo ganó el partido!"*
   3. *"Jorge y Carlos no querían jugar conmigo. Dijeron que yo no era lo suficientemente grande como para sumarme a su juego".*
   4. *"Todos en mi clase dibujan mucho mejor que yo".*
   5. *"Joaquín rompió mi autito nuevo".*
   6. *"Perdimos el partido de fútbol. Yo era el portero y fracasé en atrapar tres goles".*
   7. *"Quisiera ir también. Soy lo suficientemente grande".*
   8. *"Odio a Marcela. No quiero jugar con ella otra vez".*

En pares, uno de ustedes simule ser un niño (que tenga entre cinco y diez años de edad) y el otro tome el rol del padre o la madre. El "niño" debe decir una de las frases enumeradas arriba. El "padre" reflexiona sobre lo que le parece que el niño podría estar sintiendo. Evite dar consejos o tranquilizar al niño; eso podría ser apropiado más adelante en la conversación.

*Por ejemplo: Niño: "Todos en mi clase dibujan mucho mejor que yo".*
*Padre: "Parece que te resulta difícil dibujar".*

El "niño" entonces indica si el "padre" ha entendido o no.
El "padre" reflexiona de nuevo.

*Por ejemplo: Niño: "Sí, nunca puedo hacer lo que la maestra nos pide".*
*Padre: "Eso debe ser muy molesto para ti".*

Continúen la conversación por un minuto o dos. Luego intercambien los roles. Utilicen otras frases y sigan las instrucciones que se encuentran más arriba.

Cuando hayan concluido, dialoguen acerca de cómo sintieron ser escuchados en su rol de "niños" y cuán fácil o difícil les resultó comprender como "padres" los sentimientos del hijo.

2. ¿Tendrá usted algún hábito negativo que lo lleve a favorecer a un hijo por sobre el otro? Por ejemplo: escuchar más atentamente a un hijo que sea más elocuente que su hermano/a.

______________________________________________

*Solo para cursos de diez semanas*

**Diálogo en el grupo pequeño**

1. ¿Cómo se sintió ser escuchado/a durante el ejercicio titulado "Escucha reflexiva"?

______________________________________________

______________________________________________

2. ¿Qué serviría de ayuda para poder escuchar eficazmente a su/s hijo/s, particularmente cuando expresen emociones como dolor, ira, desilusión o tristeza?

______________________________________________

______________________________________________

3. ¿Cuáles son las principales causas de las discusiones entre sus hijos? (Si solo tiene un hijo, piense acerca de las preguntas que vienen a continuación con respecto a las amistades de su hijo con otros niños).

______________________________________________

______________________________________________

Sigue a continuación ⇨

4. ¿Qué les ayuda a llevarse bien entre ellos?

__________________________________________________

__________________________________________________

**Tarea** – Complete el **Ejercicio 1** en las páginas 57 y 58

## Parte 2 Manejar la ira (nuestra y de los hijos)

### Reacciones poco útiles frente a la ira

- Algunas personas reaccionan como un "rinoceronte"
  - cuando están enojadas, atacan y expresan sus sentimientos agresivamente
- Algunas personas reaccionan como un "erizo"
  - cuando están enojadas, se protegen a sí mismas y "entierran" sus sentimientos

### Aprender a controlar nuestra ira

**1. Reconocer la raíz de nuestra ira**

- HALT - pregúntese: ¿Estoy hambriento/a, ansioso/a, solitario/a o cansado/a?
- Ira desplazada: el enojo acumulado por la ira que nos causó alguien en el pasado podría surgir en el presente y expresarse en contra de otra persona
- Enfrente las heridas no resueltas del pasado a través del perdón

**2. Tomar tiempo para calmarnos**

- Presione el "botón de pausa"
- Evite saltar hacia conclusiones rápidas

**3. Rotular la acción, no al hijo**

- Evite frases como "eres tan descuidado/a" o "eres tan cruel"
- Los niños pueden llegar a creer como ciertos los rótulos que usted le asigne

- Rotular la acción les ayuda a cambiar, *por ejemplo: "Eso fue algo desatento"* o *"Esa fue una frase cruel"*

4. **Emplear declaraciones personales ("yo") para expresar sentimientos**
   - Nos ayuda a evitar rotular a los demás
   - Facilita que respondan en forma constructiva y realicen cambios en su conducta

## Ayudar a nuestros hijos a manejar su propia ira

### Rabietas de los bebés "deambuladores"

- La conducta normal de un bebé "deambulador" que tenga entre veinte meses y cuatro años de edad
- Usted no es un mal padre
- Recuerde HALT
- Anticípese: distracciones, alternativas, rutinas
- Cuando enfrente rabietas
  - asuma una actitud imperturbable (rostro y lenguaje corporal)
  - si ocurriese en público, acérquese al niño y abrácelo con fuerza hasta que su enojo se apacigüe
  - una vez concluido, no muestre demasiado alivio

### Niños mayores (5 a 10 años de edad)

- Estudie la manera en que cada niño muestra su enojo
- Propóngase enseñarles que se "expresen" en lugar de "agredir" o "suprimir"
- Ayúdelos a expresar su ira en forma adecuada (verbalmente y en forma agradable)
- Corrija la rudeza, el comportamiento destructivo, el maldecir, el golpear a los demás, etc., sin necesidad de ofuscarlos.
- Permita que expresen sentimientos negativos: heridas, tristeza, enojo, etc.

Notas

- El no permitir la expresión o el diálogo puede conducir a una conducta agresiva pasiva, por ejemplo: utilizar un comportamiento negativo para atraer la atención de sus padres, como ser poco comunicativos, rechazar cooperar o ser deliberadamente molestos
- Debemos reconocer si estamos contribuyendo al problema y ayudando a que se acreciente la ira de nuestro hijo
- No los castigue por ser inmaduros en su forma de expresar los sentimientos negativos

## Enseñar a nuestros hijos a manejar su propia ira

### 1. Reconocer que se trata de un proceso largo

- Por lo general, ¡toma alrededor de dieciocho años!
- Ayúdelos a comprender que hablar acerca de un asunto que ha provocado su enojo será más productivo que tener una mala conducta

### 2. Intentar hallar qué es lo que causa su ira

- Escuche a su hijo
- HALT - ¿están hambrientos, ansiosos, solitarios o cansados?
- Puede que no resulte fácil descubrir lo que esté causando la ira
- Tal vez no lo sepan
- Si no encontrásemos la causa, ellos podrían enojarse o suprimir sus emociones, conduciendo más tarde a la rebeldía
- Desarrollar un ambiente de apertura y sinceridad para alentar la comunicación

### 3. Ser modelos de cómo resolver bien un conflicto

- Permita que sus hijos los vean, como adultos, resolver conflictos y hacer las paces
- Cuando nosotros cometamos errores como padres, debemos disculparnos con nuestros hijos
- Cuando ellos cometan errores, debemos perdonarlos
- No permita que las heridas y el enojo acumulado se "infecten"

*Solo para cursos de cinco semanas*

**Diálogo en el grupo pequeño**

1. ¿Usted tiende a reaccionar más como un "rinoceronte" o como un "erizo"?

______________________________

______________________________

2. ¿Qué le resulta de ayuda para poder expresar su ira en forma constructiva?

______________________________

______________________________

3. ¿De qué forma tiende a reaccionar cada hijo cuando está enojado?

______________________________

______________________________

4. ¿Qué podría hacer usted para ayudarlos a expresar su ira en forma eficaz?

______________________________

______________________________

5. ¿Qué serviría de ayuda para poder escuchar eficazcmente a su/s hijo/s, particularmente cuando expresen emociones como dolor, ira, desilusión o tristeza?

______________________________

______________________________

Sigue a continuación

6. ¿Qué ayuda a sus hijos para llevarse bien entre ellos?

______________________________

______________________________

**Tarea** – Complete los **Ejercicios 1 y 2** en las páginas 57 a 60

*Solo para cursos de diez semanas*

## Diálogo en el grupo pequeño

1. ¿Usted tiende a reaccionar más como un "rinoceronte" o como un "erizo"?

______________________________

______________________________

2. ¿Qué le resulta de ayuda para poder expresar su ira en forma constructiva?

______________________________

______________________________

3. ¿De qué forma tiende a reaccionar cada hijo cuando está enojado?

______________________________

______________________________

4. ¿Qué podría hacer usted para ayudarlos a expresar su ira en forma eficaz?

______________________________

______________________________

5. ¿De qué forma podría dar a su/s hijo/s un buen modelo para resolver conflictos?

______________________________________________________________

______________________________________________________________

**Tarea** – Complete el **Ejercicio 2** en las páginas 58 a 60

# Tarea para el hogar 

## Ejercicio 1

## Reconocimiento de los sentimientos

- Observe los comentarios que realizan los niños
- Junto a cada uno, piense en una palabra que describa lo que el niño o la niña podría estar sintiendo
- Luego prepare una respuesta utilizando esa palabra a fin de mostrar que comprendió sus sentimientos y ayudarles a identificar sus sentimientos
- Evite dar consejos o tranquilizar, eso puede ocurrir después

| Comentario del/la niño/a | Sentimientos del/la niño/a (una palabra) | Respuesta del padre/de la madre |
|---|---|---|
| *Ejemplo* | | |
| *"El conductor del autobús me gritó y todos se rieron de mí"* | *Vergüenza* | *"Parece que fue algo avergonzador"* |
| 1. "¡Me gusta pegarle a Miguel en la nariz!" | | |
| 2. "Solo porque llovió un poco mi maestra dijo que no podíamos realizar nuestra salida escolar. Es una tonta". | | |
| 3. "Karina me invitó a su fiesta, pero no sé..." | | |
| 4. "¡No sé por qué las maestras tienen que darnos tanta tarea para el hogar durante el fin de semana!" | | |

Sigue a continuación

## Ejercicio 1 (continuación)

| Comentario del/la niño/a | Sentimientos del/la niño/a (una palabra) | Respuesta del padre/de la madre |
|---|---|---|
| 5. "Hoy tuvimos práctica de fútbol y lo único que hice fue dejar que me hicieran goles". | | |
| 6. "Silvia se está mudando... y ella es mi mejor amiga...". | | |

## Ejercicio 2

# Ayudar a los hijos a lidiar con su propia ira

☑ algunas de las ideas que podrían ayudarle a lidiar con las siguientes situaciones:

1. *Sus dos hijos se encuentran en el automóvil. Ambos quieren leer el mismo libro. Mientras pelean, el libro cae al piso. Los lamentos son muy fuertes, y uno de ellos comienza a pegarle al otro. El otro le devuelve el golpe y rasguña al que comenzó el pleito. Ahora están furiosos y usted apenas puede concentrarse en la conducción del vehículo.*

- ☐ detiene el automóvil tan pronto como fuere posible y les saca el libro en cuestión
- ☐ les dice que podrán recuperar el libro solamente si dejan de pelear y luego se turnan para leerlo
- ☐ les solicita que se pidan disculpas mutuamente
- ☐ enciende la radio con el volumen ALTO y trata de ignorarlos
- ☐ sugiere un juego como "Veo-veo" para distraer su atención acerca del libro
- ☐ otra idea ____________________

## Ejercicio 2 (continuación)

2. *Su niño de cinco años de edad está alegremente jugando con sus Legos y construyendo un castillo de intrincado diseño. Es tiempo de salir. Se rehúsa a venir. Le dice que debe venir ¡AHORA! Él responde con firmeza diciendo "No". Usted le dice que no tiene otra opción. El pequeño reacciona arrojándose al piso, pateando y luego, en un ataque de ira, golpea su castillo y lo destruye. Ahora él está muy enojado y también enfadado de que su castillo y su arduo trabajo estén arruinados.*

- ☐ levantarlo del suelo y salir, permitiendo que se calme
- ☐ decirle que lo ayudará a construir otro castillo cuando regresen, y luego recogerlo y salir
- ☐ explicar en forma calmada que tendrá que levantar sus Legos cuando regresen, y entonces salir
- ☐ decidir que la próxima vez le avisará cinco minutos antes de que llegue el momento de salir
- ☐ otra idea ____________________

3. *Su hijo de ocho años de edad acaba de regresar de la escuela de muy mal humor. "¿Qué sucede?", le pregunta usted. "Nada", responde él. "Déjame solo". Entonces procede a patear los juguetes que se encuentran en el piso y empuja a su hermano. Usted comprende que esté enfadado por algo, pero su conducta es inaceptable. Le pregunta acerca de lo ocurrido en la escuela y el responde con rudeza: "No te lo diré". Sube las escaleras hasta su cuarto y comienza a patear las puertas y arrojar un balón contra la ventana del piso superior.*

- ☐ le concede alrededor de quince minutos para que se calme y entonces trata de descubrir qué le ocurrió en la escuela
- ☐ le dice que usted entiende que él esté enojado pero le pide que no rompa ni dañe ningún objeto. Le ofrece algo "blando" para arrojar como alternativa al balón
- ☐ le dice que se quede en su cuarto hasta que esté listo para hablar sin arrojar cosas o dañar a los demás
- ☐ le pregunta otra vez, a la hora de dormir, acerca de qué fue lo que hizo que se enojara de esa forma, y luego habla con él con respecto a que su comportamiento anterior fue inaceptable
- ☐ otra idea ____________________

Sigue a continuación ⇨

4. *Usted se encuentra en el supermercado, ¡y está cansada! Su niña de tres años de edad se encuentra en el carrito de compras, ¡también cansada! Usted comienza a colocar alimentos en el carrito. Entonces ella ve las galletas de chocolate en uno de los estantes y dice: "Quiero una". Le dice que podrá comer una cuando lleguen a casa. Ella ve las galletas y grita: "Las quiero". Le vuelve a reiterar que no es el momento. La niña se enfada y entonces, al ver que otro niño está comiendo dulces, comienza a llorar muy fuerte y a viva voz.*

- [ ] ignora los gritos y sonríe frente a las demás personas, demostrando que esta situación es completamente normal y que usted se encuentra en pleno control
- [ ] le dice que si deja de lloriquear podrá tener un paquete de dulces
- [ ] intenta distraerla pidiéndole su consejo acerca de qué yogures debería comprar y cuál le gustaría disfrutar como merienda
- [ ] inventa un nuevo juego de supermercado, tal como "¿Crees que tal vez veamos un perro/una abuela/un hombre con gafas/un oso en el próximo pasillo?" (sabiendo que esta táctica podría conceder solo cinco minutos de calma)
- [ ] la semana siguiente decide realizar su compra en el supermercado cuando la niña no esté tan cansada, además de llegar a un acuerdo con ella con respecto a lo que tendrá permitido comer mientras realizan las compras, por ejemplo: una porción de una baguette o algunas uvas.
- [ ] otra idea ________________________________

# 5
# Nuestro propósito a largo plazo

Notas

## Repaso

### Sesión 1: Desarrollar cimientos sólidos

¿Cuál es el propósito de la familia?

- una familia proporciona apoyo
- una familia proporciona diversión
- una familia proporciona una brújula moral
- una familia proporciona un modelo para relacionarse con los demás

Establecer una vida familiar saludable

- juegos saludables
- vinculación saludable
- rutinas saludables
  - a diario: comidas/hora de dormir
  - semanal: crear un "tiempo familiar" para divertirse juntos

### Sesión 2: Satisfacer las necesidades de sus hijos

- Nuestros hijos tienen "cisternas emocionales" que deben mantenerse llenas de amor
- Cinco formas de mostrar amor mediante
  - palabras de afirmación
  - contacto físico afectuoso
  - tiempo especial
  - regalos atentos
  - acciones amables

### Sesión 3: Establecer límites

- Los límites para la conducta desarrollan la autodisciplina, el respeto por la autoridad y la seguridad de un hijo

Notas

- Mostrar calidez y firmeza
- Elecciones "correctas" e "incorrectas"
- Trabajar juntos como padres

**Sesión 4: Enseñar relaciones saludables**

- Nuestro/s hijo/s aprenderán más de aquello que hagamos que lo que digamos
- Ser modelos de una comunicación eficaz: escucharlos, hablar acerca de sus sentimientos, ayudarlos a expresar sus sentimientos
- Ayudarlos a expresar la ira en forma adecuada
- Dejar que vean cómo ustedes resuelven los conflictos
- Ser modelos de pedidos de disculpas y perdón
- Permitirles practicar la resolución de conflictos con sus hermanos y otros niños

## Parte 1 Fomentar la responsabilidad

### Capacitar a nuestros hijos para adquirir una sana independencia

- No somos los dueños de nuestros hijos
- Estamos ayudando a nuestros hijos a moverse desde el control parental hacia el autocontrol
- Dejarlos ir puede ser duro para los padres
- Un proceso gradual que lleva más de dieciocho años
- Permitirles tomar sus propias decisiones y aprender de sus propios errores
- El control no saludable puede originarse en el hecho de querer verse bien ante los demás, del temor al fracaso, de las tensiones o del perfeccionismo

### Síntomas de control poco saludable

1. "Micro-manejo" de la vida de nuestros hijos
   - "Paternidad helicóptero": flotando sobre nuestros hijos
   - Los hijos no aprenden a pensar por sí mismos

2. Ser demasiado competitivos para nuestros hijos
   - Ejerce una presión indebida sobre los hijos

3. **Planificar con demasía la vida de nuestros hijos**
    - Puede originarse en el temor de que nuestros hijos sean dejados de lado o ignorados por los demás

4. **Sobreproteger y "salvar" con demasía a nuestros hijos**
    - Conduce a que los hijos no asuman su responsabilidad ni aprendan de sus errores
    - Permitir que los hijos tomen una creciente responsabilidad por sí mismos
    - Transmitir información y valores para darles un marco moral para la vida

## Ayudar a que nuestros hijos tomen buenas decisiones

1. Sexo
    - Información por goteo
    - Responder sus preguntas
    - Utilizar oportunidades para conversar, *por ejemplo: artículos de revistas, programas de TV, filmes, etc.*
    - Hablar acerca del "toque correcto" y el "incorrecto"
    - Darles un libro cuya lectura les resulte provechosa antes de que ingresen a la pubertad, ofreciendo dialogar con ellos acerca de los temas planteados

2. **La Internet y los juegos electrónicos**
    - Alertar a los hijos acerca de los beneficios y los peligros
    - Colocar filtros en las computadoras/los ordenadores del hogar
    - Ubicar las computadoras en un cuarto de uso común para la familia (y mantenerla allí)
    - Reforzar los límites del tiempo para estar conectados a la Internet y jugar

Notas

**Reglas SMART para tener una navegación segura en la Internet**
(para dialogar con su hijo/a)

S SEGURO: conservar la seguridad al tener cuidado de no proporcionar información personal en las redes sociales o al publicar información en línea. La información personal incluye tu correo electrónico, número telefónico y clave de acceso.

M MENCIONAR: hablar con tu padre, tutor o una persona adulta confiable si alguien o algo te hiciere sentir incómodo/a o preocupado/a, o si tú o alguien que conoces está siendo intimidado mediante la Internet.

A ACEPTAR: aceptar mensajes por correo electrónico, mensajes por las redes sociales, o archivos abiertos, imágenes o textos que provengan de personas que uno no conoce o no confía en ellas podría llevar a tener problemas; podrían contener virus o mensajes sucios.

R REVISAR: alguien conectado a la Internet podría mentir acerca de su identidad, y es bueno saber que gran parte de la información disponible en la Internet podría no ser cierta. Siempre verifica la información con otros sitios web, libros o alguien que sepa del tema. Es aconsejable chatear en línea solo con tu familia y los amigos que tienes en el mundo real.

T TRATAR: conocer a alguien con quien solo hayas estado en contacto por la Internet podría ser peligroso. Solo hazlo si tus padres o tutores te dan permiso y, aun así, solo cuando ellos estén presentes. Recuerda que los amigos que están en línea todavía son extraños, incluso si hubieras mantenido el diálogo con ellos/as por mucho tiempo.



### 3. Drogas y alcohol

- Tengan conversaciones a lo largo de su crecimiento y desarrollo
- Equípenlos con los hechos que informan y pueden protegerlos

*Para cursos de cinco y diez semanas*

**Ejercicio**

## Dejarlos ir gradualmente

1. En promedio, ¿cuánto tiempo a diario permite que sus hijos jueguen solos?

   ______ minutos al día

2. Trate de pensar en tres maneras mediante las que está fomentando una creciente independencia en sus hijos a medida que crecen:

i. ____________________

ii. ____________________

iii. ____________________

3. ¿Cuándo fue la última vez que permitió que su/s hijo/s aprendieran de uno de los errores que cometieron?

____________________

4. ¿Reconoce alguna tendencia en usted hacia un control poco saludable en

- [ ] el "micro-manejo" de la vida de sus hijos?
- [ ] ser demasiado competitivo para sus hijos?
- [ ] planificar con demasía la vida de sus hijos?
- [ ] sobre proteger y "salvar" con demasía a sus hijos?

Si usted colocó ✔ en alguna de estas opciones, ¿qué podría hacer para cambiar?

____________________

____________________

**Converse con una o dos personas del grupo acerca de lo que acaba de responder**

*Solo para cursos de diez semanas*

**Diálogo en el grupo pequeño**

1. ¿Qué parte del ejercicio titulado "Dejarlos ir gradualmente" fue de mayor utilidad para hacerle pensar al respecto?

2. ¿De qué forma podría fomentar que su/s hijo/s aprendieran de sus errores al tiempo que continúa protegiéndolos lo suficiente?

3. ¿Cómo podría tratar de transmitir a su/s hijo/s los valores que usted tiene acerca del sexo a medida que crecen?

4. ¿Qué debería hacer para restringir el tiempo que su/s hijo/s pasan conectados en línea o participando en juegos electrónicos, y de qué modo podría ayudar para que la interacción con la Internet se mantenga segura? (ver los lineamientos SMART para más ideas)

5. ¿De qué modo podría tratar de darle a su/s hijo/s una actitud saludable hacia las drogas y el alcohol?

**Tarea** – Complete los **Ejercicios 1 y 2** en las páginas 73 y 34

## Parte 2 Transmitir convicciones y valores

### ¿Cómo transmitir nuestras convicciones y nuestros valores?

- Nuestros valores son aquello que consideremos como más importante y serán reflejados en la manera en que invirtamos nuestro tiempo, dinero y energía
- ¿Qué valores estamos modelando para nuestros hijos?
- "Valores teóricos" y "valores reales"
- Nuestros valores proceden de nuestras convicciones centrales

Notas

1. Responder las preguntas de nuestros hijos
   - Proporciona a los hijos un marco para entender en qué consiste la vida
   - ¿Por qué estamos aquí?
   - ¿Qué ocurre cuando morimos?
   - ¿Existe Dios?

2. El ambiente de nuestro hogar
   - Haga de su hogar un lugar al que sus hijos quieran regresar, donde:
     - sean libres como individuos, no encuadrados en una camisa de fuerza de conformidad
     - hayan límites pero no legalismo
     - haya disciplina pero no autoritarismo
     - haya más aliento que crítica
     - haya mucha diversión y alegría
     - haya más gratitud que quejas y culpas
     - haya pedidos de disculpas y perdón, y la oportunidad de comenzar de nuevo
   - La fe es más fácilmente captada que enseñada
   - Los niños forman su imagen inicial de Dios de la forma en que sus padres los tratan
   - Muestre amor incondicional

3. Involucrar a otras personas
   - La familia extendida
   - Otros roles modelos

Notas

### 4. Transmitir nuestros valores acerca del dinero

- Presiones sobre hijos y padres provenientes de los anuncios publicitarios y la cultura de las celebridades
- Déles opciones con respecto al dinero
  – escoger cuánto ahorrar, gastar y donar
- Enseñe generosidad, buena administración y honestidad
- Ayúdelos a aprender el valor de experimentar la gratificación diferida
- Sea modelo de una actitud saludable hacia las posesiones

### 5. Orar por nuestros hijos

- Nunca es demasiado pronto para comenzar (ver el relato sobre Juan el Bautista cuando estaba en el vientre materno, en Lucas 1.44, la Biblia)
- Nunca es demasiado tarde para comenzar (ver la "parábola del hijo pródigo" en Lucas 15.11-24, la Biblia)
- Convierta los temores y anhelos en oraciones
- Cuándo orar:
  – con ellos antes de que se vayan a dormir
  – enseñándoles a orar ("gracias", "perdón", "por favor")
  – por nuestra cuenta
  – con otros
  – en los atascos de tráfico o cuando estemos limpiando o planchando
  – cuando lo consideremos (a menudo en momentos de peligro potencial o tentaciones para nuestro hijo)
  – cada día
- Por qué cosas orar:
  – amistades
  – escuelas
  – su salud
  – su seguridad
  – su futuro cónyuge (en algún momento la mayoría de los hijos se casará y es probable que su futuro cónyuge ya esté vivo en algún lugar)
  – su respuesta al amor de Dios
  – sus personalidades: utilice el fruto del Espíritu como una lista sobre la cual orar: "amor, alegría, paz,

paciencia, amabilidad, bondad, fidelidad, humildad y dominio propio" (ver Gálatas 5.22-23, la Biblia)

- Ore con ellos, en especial en el momento previo a la hora de dormir
- Oren por ustedes como padres

6. **Desarrollar tradiciones, rutinas y rituales familiares**
   - Las tradiciones perfilan la identidad familiar
   - Ayudan a que los hijos sientan pertenencia
   - Las tradiciones positivas refuerzan nuestros valores
   - Nuestros hijos estarán más seguros y mejor capacitados para resisitr las presiones de los pares, cuando fuere necesario
   - Rutinas diarias (ver la Sesión 1)
   - Tradiciones semanales
     - noche familiar (ver la Sesión 1)
     - fines de semana
     - iglesia
   - Tradiciones anuales
     - vacaciones en familia
     - cumpleaños
     - Navidad y otras festividades
     - marcando las estaciones

*Solo para cursos de cinco semanas*

**Diálogo en el grupo pequeño**

## Tradiciones y rituales familiares

1. ¿Cuáles son sus tradiciones y rituales cotidianos, semanales o anuales?

   Cotidianos:

   1. ______________________________

   2. ______________________________

   3. ______________________________

   Semanales:

   1. ______________________________

   2. ______________________________

   3. ______________________________

   Anuales:

   1. ______________________________

   2. ______________________________

   3. ______________________________

2. ¿Tiene alguna tradición "negativa" que deba ser abandonada? *(por ejemplo, una tradición que vaya en detrimento de su hijo o de la vida familiar, como compartir cada comida frente a la TV)*

______________________________

3. A partir de la charla presentada y la conversación con otros padres durante esta sesión, ¿qué nuevos rituales desarrollará/incorporará?

Cotidianos: ______________________________

Semanales: ______________________________

Anuales: ______________________________

4. ¿Qué valores en relación al dinero quisiera transmitir a sus hijos?

______________________________

**Tarea** – Complete los **Ejercicios 1 al 3** en lasa páginas 73 y 74

*Solo para cursos de diez semanas*

**Diálogo en el grupo pequeño**

## Tradiciones y rituales familiares

1. ¿Cuáles son sus tradiciones y rituales cotidianos, semanales o anuales?

Cotidianos:

i. ______________________________

ii. ______________________________

iii. ______________________________

Semanales:

i. ______________________________

ii. ______________________________

iii. ______________________________

Sigue a continuación

Anuales:

i. ______________________________

ii. ______________________________

iii. ______________________________

2. ¿Tiene alguna tradición "negativa" que deba ser abandonada? *(por ejemplo, una tradición que vaya en detrimento de su hijo o de la vida familiar, como compartir cada comida frente a la TV)*

______________________________

3. A partir de la charla presentada y la conversación con otros padres durante esta sesión, ¿qué nuevos rituales desarrollará/incorporará?

Cotidianos: ______________________________

Semanales: ______________________________

Anuales: ______________________________

4. ¿Qué valores en relación al dinero quisiera transmitir a sus hijos?

______________________________

**Tarea** – Complete el **Ejercicio 3** en la página 74

## Tarea para el hogar

### Ejercicio 1

### Desarrollo del cáracter

Trate de escribir los valores/rasgos del carácter más importantes que le gustaría ver en sus hijos. Redáctelos en orden de importancia.
*(por ejemlo: amabilidad, lealtad, autocontrol, optimismo, honestidad, felicidad, sentido del humor, cortesía, gratitud, respeto, generosidad, humildad y bondad)*

1. ____________________

2. ____________________

3 ____________________

4. ____________________

5. ____________________

### Ejercicio 2

### Transmitir convicciones y valores

1. ¿Cuáles son las convicciones y los valores más importantes que quisiera transmitir a sus hijos?

____________________

____________________

2. ¿De qué forma usted podría servir como modelo de dichas cualidades?

____________________

____________________

Sigue a continuación

**Ejercicio 2 (continuación)**

3. ¿Cuáles serían otras maneras en las que usted podría cooperar para transmitir dichos valores?

______________________________________________

______________________________________________

**Ejercicio 3**

## Objetivos de la paternidad

Escriba las tres cosas más importantes que ha aprendido/le han sido recordadas durante el "Curso para padres de familia" (Infancia).

1. ______________________________________________

2. ______________________________________________

3. ______________________________________________

Enumere tres cambios que ha realizado/le gustaría hacer como resultado de participar en este curso.

1. ______________________________________________

2. ______________________________________________

3. ______________________________________________

# Apéndice 1

## Las familias del sofá del "Curso para padres de familia"

Estamos muy agradecidos a los padres e hijos que aceptaron aparecer en los DVD y hablar acerca de sus propias experiencias de criar y ser criados, respectivamente. Los nombres que aparecen en **negrita** corresponden a los miembros de las familias que aparecen en los DVD.

**Annie** y **Silas**
Jessie (19) Zac (18) Mo (16) Minnie (15) Tallulah (13)

**Barbara** y Sam
Samuel (6)

**Con** y **Madeleine**
Henry (15) **Amelia (12)** Tom (11) **Charlie (7)** Johnnie (18 meses)

**Dianne** y **Alan**
**Neil (12) Jacob (10) Oliver (4)**
*Los tres hijos de Dianne y Alan son adoptados.*

**Eli** y Jon
Noelle (15) Jocosa (2)
*Eli educó por muchos años a Noelle como madre soltera. Ahora está casada con Jon, y Jocosa es su hija en común.*

**John** y **Krista**
Owen (10) Matt (8)
*John y Krista tienen otros cuatro hijos de matrimonios anteriores, cuyas edades van de los 17 a los 20 años.*

**Joy**
**Abigail (11)** Joshua (9) **Hannah (8)**
*Joy es una madre soltera.*

Karen y Paul
**Liam (23) Christian (21) Hannah (18)**

**Mandie** y **Mark**
**Matthew (8) Emma (6)**

**Niyi** y **Oyinkan**
Tosin (13) Obafemi (9) Adeolu (6)

**Pandora**
Cuatro hijos adultos
*Pandora es una madre soltera.*

**Paul** y **Philomena**
Patrick (16) **Emily (15) Johnnie (11) Max (10)**

**Phil** y **Ici**
**Lauren (10) Lukas (10) Josiah (7)**
*Lukas es el sobrino de Ici, y ahora vive con ellos como parte de su familia cercana.*

**Rachel** y **Sam**
Caleb (6) Levi (4) Talitha (6 meses)

**Sam** y **Archie**
**Charlie (9)** Genie (7) **Joel (6)** Theo (3)

**Shona**
Ashlyn (6) RJ (3)
*Shona es una madre soltera.*

**Sijeong** y **Woodug**
Eunchan (4) Eunchae (2)

Sigue a continuación ⇨

**Taryn** y **Mark**
Caleb (6) Ella (4) Asher (2)

**Tony**
Ciara (13) Orla (11) Ruairi (7)
*Tony es viudo. Desempeña su rol como padre soltero.*

Will y Ali
**Bart (8) Fergus (6)**

# Apéndice 2

## Expertos en paternidad

Estamos muy agradecidos a los siguientes "expertos" en paternidad, quienes generosamente han contribuido a la preparación de los DVD. A continuación podrá conocer los detalles de contacto de ellos o sus organizaciones, así como la información para acceder a sus publicaciones.

**Harry Benson** – fundador de "Bristol Community Family Trust"; involucrado con cursos de política, investigación y relación familiar; autor de "Let's Stick Together: The Relationship Book For New Parents" *(en español, "Permanezcamos juntos: el libro de relaciones para nuevos padres").* **bcft.co.uk**

**Lucinda Fell** – directora de Política y Comunicaciones en "Childnet International", una organización sin fines de lucro que ayuda a lograr que la Internet sea un lugar seguro para los niños y adolescentes. Para acceder al amplio abanico de recursos que ofrece Childnet para apoyar a padres y tutores, visite **childnet.com** y **kidsmart.org**

**Glynis Good** – consejera de relaciones familiares y de pareja en Dublin, Irlanda, con una preocupación particular en apoyar a los jóvenes a través del duro impacto de la separación de los padres; autora de "When Parents SPLIT: Support, information and encouragement for teenagers" *(en español, "Cuando los padres se separan: apoyo, información y aliento para los adolescentes").* **whenparentssplit.com**

**Julie Johnson** – consultora y entrenadora; presentadora de talleres sobre paternidad en el área de Londres, Reino Unido; consejera familiar especializada en niños y adolescentes; terapista "Human Givens"; especialista en asuntos relacionados al crecimiento y la adolescencia, la intimidación ("bullying"), pérdidas y cambios, incluyendo el duelo y la separación de los padres; autora de "Being Angry" y "Bullies and Gangs" *(en español, "Estar enojados" "Agresores y pandillas")* (ambos son parte de la serie para niños de 5 a 10 años de edad titulada "Thoughts and Feelings" *(en español, "Pensamientos y sentimientos"),* publicada por Franklin Watts) y "How Do I Feel About My Stepfamily" *(en español, "Cómo me siento con mi familia adoptiva").* **julie.johnson@virgin.net**

**Timothy Johns** – director de la escuela "The Hawthorns School" (Bletchingly, Surrey RH1 4QJ), una escuela de día co-educativa para niños de 2 a 13 años de edad.

**Sue Palmer** – exdirectora de escuela; educóloga y consultora educativa especializada en la capacitación alfabetizadora; autora de "Toxic Childhood", "Detoxin Childhood" y "21st Century Boys" *(en español: "Infancia tóxica", "Desintoxicando la infancia" y "Muchachos del siglo XXI").* **suepalmer.co.uk**

Sigue a continuación ⇨

**Rob Parsons** – presidente y fundador de "Care for the Family"; autor de "The Sixty Minute Father" y "Teenagers: what every parent has to know" *(en español: "Padre en sesenta minutos" y "Adolescentes: lo que cada padre debe saber"),* entre otros libros sobre paternidad; orador internacional sobre vida familiar y negocios. Visite **careforthefamily.org.uk** para conocer mayores recursos en apoyo de muchas áreas de la vida familiar.

**Dr. Aric Sigman** – psicólogo; biólogo; comunicador; orador de negocios; autor de "Remotely Controlled: How television is damaging our lives", "The Spoilt Generation: Why restoring authority will make our children and society happier" y "Alcohol Nation: How to protect our children from today's drinking culture" *(en español: "Remotamente controlados: cómo la TV está dañando nuestra vida", "La generación estropeada: por qué restaurar la autoridad hará que nuestros hijos y la sociedad sean más felices" y "Nación del alcohol: cómo proteger a nuestros hijos de la cultura actual del alcoholismo").* **aricsigman.com**

**Dra. Pat Spungin** – psicóloga infantil y especialista en vida familiar; autora de "Silent Nights", "The Haynes Teenager Manual: The practical guide for all parents", "The Parent Talk Guide to Brothers and Sisters" (co-escrito con Victoria Richardson) y "Understand Your Family" (Editora consultora). *(en español: "Noches tranquilas", "El manual Haynes sobre adolescentes: la guía práctica para todo padre", "La guía de orientación parental para hermanos y hermanas" y "Comprender a su familia").* **drpatspungin.co.uk**

**Si tuviere interés en conocer más acerca del "Curso para padres de familia" (infancia y adolescencia), saber dónde se está llevando a cabo un curso o tener información sobre cómo iniciar uno, por favor escríbanos a: americas@alpha.org.**

**También puede visitar los siguientes enlaces: en América Latina: www.latam.alpha.org/relationship-central)**

## Si quieres saber más sobre Alpha, contacta:

*La oficina de Alpha International*
**Alpha International**
Holy Trinity Brompton
Brompton Road
Londres SW7 1JA
Reino Unido
e-mail: americas@alpha.org
www.alpha.org

*En las Américas*
**Alpha América Latina y el Caribe**
e-mail: americas@alpha.org
www.latam.alpha.org

**Alpha Argentina**
Buenos Aires
Argentina
e-mail: karen.tigar@alpha.org

**Alpha Costa Rica**
San José
Costa Rica
e-mail: wendy@alphacostarica.org
e-mail: otto@alphacr.org

**Alpha México**
Cuidad de México, DF
México
e-mail: oficinaalphamexico@gmail.com
e-mail: fundacionalpha@gmail.com

**Alpha en el Caribe**
Chaguanas
Trinidad, W.I.
e-mail: alphatrinidadandtobago@gmail.com

*En España y Europa*
**Alpha España**
Madrid
España
e-mail: info@cursoalpha.es
www.cursoalpha.es

*En Norteamérica*
**Alpha EE.UU.**
Deerfield, IL
EE.UU.
e-mail: info@alphausa.org
www.alphausa.org

**Alpha Canadá**
Richmond, BC
Canadá
e-mail: office@alphacanada.org
www.alphacanada.org

Para comprar recursos en Canadá
**David C. Cook Distribution Canadá**
Paris, ON
Canadá
e-mail: custserve@davidccook.ca
www.davidccook.ca